撰　稿

张　迪　　沈蓓蕾　　孙　杰
唐旭东　　曹　阳　　赵　新
魏诗棋　　郑士明　　高　雪
柴冰冰　　陈禹行　　滕　雪
张　静　　刘晓漫　　王靖雯
康　健

插图绘制

雨孩子　　肖猷洪　　郑作鹏
王茜茜　　郭　黎　　任　嘉
陈　威　　程　石　　刘　瑶

装帧设计

陆思茁　　陈　娇
高晓雨　　张　楠

了不起的中国

—— 传统文化卷 ——

姓名由来

派糖童书 编绘

化学工业出版社

·北京·

图书在版编目(CIP)数据

姓名由来/派糖童书编绘.—北京：化学工业出版社，2023.10（2024.11重印）
（了不起的中国.传统文化卷）
ISBN 978-7-122-43897-3

Ⅰ.①姓… Ⅱ.①派… Ⅲ.①姓名-文化-中国-儿童读物 Ⅳ.①K810.2-49

中国国家版本馆CIP数据核字（2023）第137006号

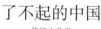

| 责任编辑：刘晓婷 | | | 责任校对：王 静 |

出版发行：化学工业出版社（北京市东城区青年湖南街13号　邮政编码100011）
印　　装：河北尚唐印刷包装有限公司
787mm×1092mm　1/16　印张5　2024年11月北京第1版第2次印刷

购书咨询：010-64518888　　　售后服务：010-64518899
网　　址：http://www.cip.com.cn
凡购买本书，如有缺损质量问题，本社销售中心负责调换。

定　价：35.00元　　　　　　　　　　　　　版权所有　违者必究

前 言

几千年前，世界诞生了四大文明古国，它们分别是古埃及、古印度、古巴比伦和中国。如今，其他三大文明都在历史长河中消亡，只有中华文明延续了下来。

究竟是怎样的国家，文化基因能延续五千年而没有中断？这五千年的悠久历史又给我们留下了什么？中华文化又是凭借什么走向世界的？"了不起的中国"系列图书会给你答案。

"了不起的中国"系列集结二十本分册，分为两辑出版：第一辑为"传统文化卷"，包括神话传说、姓名由来、中国汉字、礼仪之邦、诸子百家、灿烂文学、妙趣成语、二十四节气、传统节日、书画艺术、传统服饰、中华美食，共计十二本；第二辑为"古代科技卷"，包括丝绸之路、四大发明、中医中药、农耕水利、天文地理、古典建筑、算术几何、美器美物，共计八本。

这二十本分册体系完整——

从遥远的上古神话开始，讲述天地初创的神奇、英雄不屈的精神，在小读者心中建立起文明最初的底稿；当名姓标记血统、文字记录历史、礼仪规范行为之后，底稿上清晰的线条逐渐显露，那是一幅肌理细腻、规模宏大的巨作；诸子百家百花盛放，文学敷以亮色，成语点缀趣味，二十四节气联结自然的深邃，传统节日成为中国人年复一年的习惯，中华文明的巨幅画卷呈现梦幻般的色彩；

书画艺术的一笔一画调养身心，传统服饰的一丝一缕修正气质，中华美食的一饮一馔（zhuàn）滋养肉体……

在人文智慧绘就的画卷上，科学智慧绽放奇花。要知道，我国的科学技术水平在漫长的历史时期里一直走在世界前列，这是每个中国孩子可堪引以为傲的事实。陆上丝绸之路和海上丝绸之路，如源源不断的活水为亚、欧、非三大洲注入了活力，那是推动整个人类进步的路途；四大发明带来的文化普及、技术进步和地域开发的影响广泛性直至全球；中医中药、农耕水利的成就是现代人仍能承享的福祉；天文地理、算术几何领域的研究成果发展到如今已成为学术共识；古典建筑和器物之美是凝固的匠心和传世精华……

中华文明上下五千年，这套"了不起的中国"如此这般把五千年文明的来龙去脉轻声细语讲述清楚，让孩子明白：自豪有根，才不会自大；骄傲有源，才不会傲慢。当孩子向其他国家的人们介绍自己祖国的文化时——孩子们的时代更当是万国融会交流的时代——可见那样自信，那样踏实，那样句句确凿，让中国之美可以如诗般传诵到世界各地。

现在让我们翻开书，一起跨越时光，体会中国的"了不起"。

目 录

导言	1
姓与氏的产生	2
上古八大姓	8
姓氏的演变与融合	13
有趣的姓氏来源	18
姓氏的改变	29
名字的名	34
女子有姓无名	38
尊敬的字	42
别号的雅趣	47
不可冒犯的尊号	50
"祖""宗"庙号	55
谥号——祖宗的称谓	58
皇帝的称谓	62
避讳和缺笔	66

导 言

"名"这个字由"夕"和"口"两部分组成,《说文解字》是这样解释的:"名,自命也,从口,从夕。夕者,冥(míng)也,冥不相见,故以口自名。"

意思就是说,在远古的时候,人们在白天见面,一看对方的脸,就知道你是隔壁的汉子,我是邻居的妹子;但是黄昏以后,天黑了,那时候没有照明的工具,在黑暗中看不清对方的脸,怎么办呢?只能各自称呼对方的代号,这就是名字的由来。

后来,人们的社会关系越来越复杂,又出现了姓氏,人们用它来区分血缘关系、社会地位等。

中国人的名字,经历了漫长的演变过程,才发展到了今天人们所惯用的姓名。在遥远的古代,并不是一开始就使用姓名的,古人有姓、有氏、有名、有字、有别号,古人的一生有很多名字,意义不同,各有用途。

中国姓名文化源远流长,已经发展成一门独特的学问——姓名学,这门学问源于我国古代诸多先贤的哲学思想,蕴含着大量的文史典故和传统文化知识,是中国五千年灿烂文明的展现。

姓与氏的产生

姓氏不同

姓氏是我们现在的说法,但在很久以前,姓是姓,氏是氏,古时的氏才是如今的姓。

小朋友是不是被绕晕了?那就继续读下去,在书中寻找答案吧!

母系社会

🌀 姓的产生

远古时代，人们对自然界的认识十分有限，他们会把植物、动物或自然现象等当作"神物"崇拜，绘制图腾，祈求它们的庇佑。他们还会把女子的生育同图腾联系起来，认为是神灵的意志与力量，将氏族的繁衍归功于图腾，称为"图腾感生"。所以很多古姓就来源于图腾。

🌀 姓从何来

最古老的姓要追溯到上古时期的原始社会，那时的人们一大家子都生活在一起，跟随母亲的姓，一个氏族也是最年长的女人说了算，这就是母系社会。像姬（jī）、姜、姒（sì）等姓，都是女字旁，是母系社会的典型姓氏。

即使到了父系社会，也依然使用着原有的姓，所以，男生有一个女字旁的姓，并不奇怪，比如黄帝姓姬，炎帝姓姜，舜（shùn）帝姓姚。

说到底，姓是用来区别血统的，最初指向母系的血缘关系。

🌀 氏的产生

中国人的姓氏，是家族来源和血缘关系的文字符号。在约三千多年前的商代甲骨文中，已经有明确的姓氏文字。从古史传说时代算起，华夏先民开始使用姓氏的时间一直延续至原始社会后期，有五千年以上的历史。

在氏族社会，姓和氏是分开的。姓用于指称源于同一始祖、具有共同血缘关系的人，氏用于指称某个具体氏族中的人。母系氏族社会时期，女性具有生育能力，地位高贵。一个部落的强大与部落女性的生育能力息息相关。那时没有夫妻制度，没有父亲的概念，生下来的孩子跟母亲生活，都属于母系氏族。

到了商周时期，宗法分封制度产生，周武王要奖励子孙和功臣，给他们一块封地，让他们自立门户，这些诸侯国的后人就以封国名为氏。

也就是说，氏是在父系社会形成的，起初只是用来标明地域和官职以及不同凡响的事迹、身份、地位等。

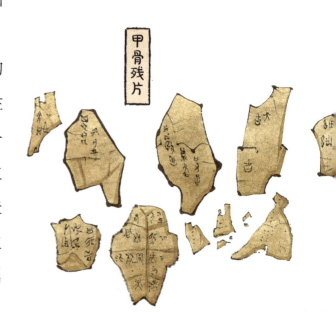

甲骨残片

🌀 氏的来源

有的从爵位名来,如公孙氏。春秋战国时期,诸侯的儿子称公子,公子的儿子称公孙。后来,公孙的部分后人就把公孙作为自己家族的氏。

有的从国名来。春秋战国时期的齐、鲁、宋、陈等国,这些国家的国名后来都变成了氏。

有的从官名来。司徒、司寇、司马等本来都是官职的名称,后来也变成了氏。

有的从谥号来。楚庄王姓芈(mǐ),他的谥号是"庄",他的部分后人就以庄为氏;"戴"姓源于子姓宋国,出自商朝后裔、周朝诸侯国宋国君主宋戴公的谥号。

有的从封地名来。春秋时期,齐国大夫止,被封于阚(kàn),他的后代以阚为氏,等等。

🌀 氏也可以改

商鞅(yāng)本来姓姬,但是到他这一代,已经与姬姓大宗有一定距离了,于是便使用公孙为氏,来说明自己其实有姬姓血缘,但不多。在投奔秦孝公之后,商鞅分到了一块土地,被称为商君,所以商也是他的氏。

女子称姓，男子称氏

父系社会时期，女子没有工作，最重要的社会关系就是婚姻关系，但因为"同姓不婚"，所以女子称姓，来标明血统；而男子要参与很多社会活动，所以男子称氏，来明确自己的社会地位。

姓和氏的作用

姓和氏是用来区分血缘和族群的文化符号。人们通过姓,知道谁和谁是亲戚,他们是相亲相爱的一家;通过氏,知道这户人家一直生活在什么地方,祖上是不是贵族,等等。所以,人们的姓和氏就越发复杂和普遍了,起到了"明世系""别婚姻"等作用。

明世系

姓既然区别了血统,也就保证了自己的宗族发展,可以让同姓诸侯国按照姓互相亲近,让自己知道亲戚是谁,打仗的时候可以依靠谁,逃跑的时候又可以去投奔谁,有效防止出现手足相残等违反伦理的现象。

别婚姻

现在我们知道近亲结婚会带来很多不良影响,我们的祖先也发现了近亲结婚孕育的后代很容易有各种各样的病症。所以在早期,姓所带来的防止近亲结婚的措施很有效。但几百年过去,到了春秋战国时期,人类已经繁衍了好多代,再加上历代分封导致诸侯国众多,各个国家的人要是结婚的话,其实往上追溯一下,还都是同出本源的。所以,清代学者赵翼曾说:"同姓为婚,莫如春秋最多。"

上古八大姓

"姬"姓

黄帝因为长期在姬水附近居住,所以就以姬为姓。黄帝的后代周武王姬发建立了周朝,把儿子分封出去,建立了各个诸侯国,此后,"姬"姓就成为吴国、鲁国、燕国等诸侯国的国姓。随着不断的演化,姬姓衍生出周、吴、蔡、韩等上百个姓氏,是名副其实的"万姓之祖"。

"姞"姓

据司马迁的《史记·五帝本纪》记载,黄帝有二十五个儿子,其中十四个儿子分别有自己的姓,"姞(jí)"就是其中之一。姞姓氏族这一支的子孙不断繁衍,相传最早发明石臼(给谷物去壳的工具)的雍父,就是姞姓的后裔。

"姜"姓

这是炎帝的姓,《封神榜》里的姜子牙就是炎帝的嫡(dí)系传人。从姜子牙到现在,姜姓已经衍生出了一百多个姓氏,比如姜子牙自己就是姜姓吕氏,按照先秦"女子称姓,男子称氏"的规矩,姜子牙真正的名字应该是吕尚,吕姓就是姜姓的分支。

"姚"姓和"妫"姓

唐代记载谱牒（dié）姓氏的书《元和姓纂》上说："姚，虞帝生于姚墟，子孙以姚为氏。"意思是舜在姚墟出生，所以姓姚。后来尧帝看中舜的才能，把两个女儿娥皇、女英嫁给了他，让他住在妫（guī）水边，舜帝的后代同时沿用了姚和妫这两个姓。

"姒"姓

姒（sì）姓是一个有着四千多年历史的姓氏，姒姓的祖先是被世人千古传颂的中国古代治水英雄——大禹。

大禹治水成功后，尧帝赐给大禹"姒"姓。现在绍兴大禹陵附近的禹陵村，聚居着大量姒姓后裔，自大禹至今已传至一百四十余代，历代都有纪念大禹的活动。

以"烽火戏诸侯"而出名的褒姒，她是褒国人，褒国礼制"妇人称国及姓"，所以她姓姒，被后世称为褒姒。

"嬴"姓

大禹治水时,有三个得力助手帮助他一起治水,其中一个人名叫大费。治水成功后,舜帝赐给他一个姓,那就是"嬴(yíng)"。后来大费的子孙建立了秦国,"嬴"就成了秦国国姓。

秦王

"妘"姓

起源于火神祝融氏,祝融氏的后裔(yì)分为八大姓:己、董、彭、秃、妘(yún)、曹、斟(zhēn)、芈(mǐ)。其中,妘姓的一支子孙的封地在宜城,称为罗国,后来他们就以国名"罗"作为自己的氏。现在的罗姓基本上都是妘姓的后代。

祝融

姓氏的演变与融合

越来越多的姓

最开始,姓是女字旁,有血统传承的含义。在母系氏族社会,以母亲为姓,姬、姜、姒、姚等女字旁的字都是姓。

后来,随着时代的不断发展,姓也逐渐多元化。屈原姓芈,但他的封地在屈,所以叫屈原;司马、司徒都是官职,后来也变成了姓;制陶的人就姓了陶,杀猪的人索性就姓屠,管乐器的人姓乐(yuè),占卜的人就姓卜。还有一些住在城市外围的各处,他们就用东郭、南郭、北郭、西郭来当姓,有的人干脆直接用所在的国家当姓,比如齐、秦、鲁、楚、韩等。

古老的姓消失了

战国的时候,人们已经习惯"称氏不称姓",因为太多人都是同一个姓,称呼起来实在不方便,所以到了秦汉时期,姓和氏就开始混同了。

西汉的时候,原来母系血统的姓已经消失,父氏成为姓,同时失去了为家族分类的作用,全天下开始一姓便为一家人,并一直沿用到现在。

随着朝代的衰亡,许多上古大姓都慢慢地演化分支了,人们为了方便,渐渐地把复姓改为单姓。除此之外,还有一些寓意不太好的姓,人们也会更改。

姓氏合一

春秋战国时期,是古代社会从奴隶制向封建制转变的时期,也是姓和氏逐渐合并在一起的时期。大部分贵族因为战乱而灭亡或者直接被战国七雄吞并,导致宗法制崩坏。因此,奴隶和农民的社会地位得到提高。同时,秦始皇统一天下,将国土的划分从分封制转变为郡县制,封建宗法制走向没落,进一步削弱了姓氏与地域的关系。

进入秦朝大一统时代以后，新的姓氏制度登场，人们开始在先秦的姓和氏中选取一个，作为自己新的姓氏，从而标注自己的血缘符号。在个人名称上，则继承了之前的简称，用简单的新姓加上原来的名，就构成了新的名字。

社会发展到这个阶段，人们只需要用一个统一的姓氏来标识自己的家族即可，所以旧的姓和氏就转化为新的姓氏。新的姓氏一般简称为姓，它的来源大部分是旧的氏，有少量是沿用旧的姓。

🌀 一目了然的排行字

古人经常把自己的排行放进名字的称谓里,伯是老大,仲是老二,叔是老三,季是最小的。周文王姓姬,他的大儿子叫考,名字应该是姬考,但人人都称他为伯邑考,伯就是嫡长子的意思。比如孔子名丘,字仲尼,别人一看就知道,孔子是他们家的二儿子。

除了伯、仲、叔、季外,代表老大的还有一个字,就是"孟"。在春秋战国时期,"孟"用来表示女性排行老大,"伯"用来表示男性排行老大,但到后来,"伯"和"孟"的区别就不明显了,但二者都是老大的意思。

再举个例子,现在河北省山海关附近还有一座孟姜女庙,就是后人为纪念哭倒长城的著名女性孟姜女所建的。但千万不要以为孟姜女姓孟,其实姜才是她的姓,就是"姜家大姑娘"的意思。

🌀 姓氏的融合

在周朝，姓名有着严格的形式，男人按照氏、行辈、名或字和性别附加字来起名。比如西周铜器上的人名"稽伯羽父"，"稽"是他的氏，"伯"是他的排行，"羽"是他的名，这个"父"说明他是一位男子。而女性的名字则是由氏、行辈、姓、名或字和性别附加字五部分构成。

除此之外，西周铜器上还出现了"虢（guó）孟姬良母"这个名字，"虢"是她的氏，"孟"说明她在家中排行老大，"姬"是她的姓，"良"则是她的名，而"母"表示这是一位女性。

🌀 名字的取舍

在日常生活中，可能古人觉得姓名要是严格按照制度来写的话，有点太麻烦，于是便简化姓名。从姓、氏、行辈、名或字和性别这六部分取两三个部分，比如春秋五霸之首的齐桓公，被称为吕小白，吕是他的氏，小白是他的名。

🌀 姓氏的谜团

我们中华民族最早创制文字的仓颉（jié）并不姓仓，他姓侯冈，史皇氏，仓颉很可能是他的名。

秦始皇嬴政，他的姓是嬴，但却是赵氏，名字叫政，如果按现在的命名规则，他应该叫"赵政"。

有趣的姓氏来源

"万家姓"

中国到底有多少姓氏呢？成书于北宋时期的《百家姓》所收录的姓氏有504个：赵钱孙李，周吴郑王，冯陈褚卫，蒋沈韩杨……

根据南宋学者王明清考证，《百家姓》前几个姓氏的排列顺序是有讲究的：赵是指赵宋，是国君的姓，所以排在首位；其次是钱，钱是五代十国中吴越国君的姓氏；孙是吴越国君钱俶（chù）的正妃之姓；李是南唐君主李氏的姓。

明朝的《千家姓》共收集姓氏一千九百六十八个。发展到现在，姓氏已超过一万个，是名副其实的"万家姓"。

现存的清朝版本《百家姓》既有文字又有图画，记录了历史名人的名、字和其所属的家族，每页的下半部分是由四个字的姓氏组成的短句，读起来很像古时的四句诗词，以便小朋友充分了解"百家姓"的起源与其深远影响，是一本很好的幼儿启蒙读物，起到树立宗室血脉观念的作用。

孔

孔这个姓与圣人孔子同源,不过按最早的姓氏定义,孔子并不姓孔,他姓子,孔是他的氏,而"孔子"这个称谓中的"子"是古人对男子的尊称。

后来,代表母系血缘的姓消失,孔这个姓留了下来。到现在为止,孔氏家族已延续八十多代,每一代都记录得清清楚楚。

🌀 通天谱

通天谱的意思是全世界这个姓的人统归一份家谱,所排的字辈也完全是一样的。在中华民族五千多年的悠久文明中,只有四个姓氏是有"通天谱"的,这四个姓氏就是孔、孟、曾、颜,祖先则分别追溯到孔丘、孟轲(kē)、曾参(shēn)和颜回四大圣贤。

🌀 第五

第五是中国的一个复姓,他们的祖先原本姓田,是齐国贵族。到了汉朝,刘邦称帝以后,因为齐国的田姓贵族势力太大,所以成了刘邦的主要打击目标。刘邦把田姓拆分为八部,分别迁居,并且要求他们改姓。

刘邦是个粗人,他送给田家八个姓氏,分别是第一、第

二、第三、第四、第五、第六、第七和第八。这八个姓氏中大多都改姓第了，目前只有第五还保留着。

各种事物作为姓

描绘颜色的字可以是姓,如红、黄、蓝、白、青、紫、黑等;指示方位的字可以是姓,如东、南、西、北、左、右等;植物的名字可以是姓,如杨、柳、松、桂、花、叶等;食物的名称可以是姓,如糖、酒、茶等;数字也可以是姓,如一、二、三、四、五、六、七、八、九、十、千、百、亿等。

蓝

蓝氏有着十分悠久的氏族历史。江南一带的《蓝氏族谱》记载:"炎帝号曰神农,乃始祖也,十一世传至榆罔(wǎng),迁空桑(今山东省曲阜市),徙涿(zhuō)鹿(今河北省涿州市)时,有熊国君贡秀兰一株,值帝后宫降生一子,帝甚欢悦,以贡兰赐姓蓝取名昌奇,及长分封汝南,遂以此地为郡。"意思是说熊国的国君进献给炎帝一株秀兰,正赶上炎帝有一个儿子降生,他十分高兴,就赐姓为"兰"。"蓝"是由"兰"演变而来的。

三小姓

在21世纪初的一次姓氏调查中,我们发现了三个人数特别少的姓氏,分别是"难(nìng)""死(sǐ)""岂(yà)"。

难姓,源于南北朝时期鲜卑人的吐难部族,后来随部族迁往朝

鲜半岛，现在多数难姓都生活在朝鲜半岛。

死也是一个非常古老的鲜卑族姓氏，隋唐时期已经汉化，人口数量非常稀少。目前，仅在河南省和宁夏回族自治区有零星分布。

岜姓，据说是岳飞的直系后人为了逃避秦桧的迫害，在逃亡期间将原来的"岳"上下颠倒，改姓"岜"。有意思的是，为了确保安全，这些人后来彼此之间没有联系，但都将自己的姓名来源传承给了后人。

张

黄帝有个儿子叫"挥"，他发明了弓箭。这个武器在当时非常厉害，可以不必靠近就能命中目标。黄帝很高兴，不但封了他官职，还赐姓张，所以"张"的意思就是将弓弦拉紧。张挥便是张姓人的始祖。

到 2023 年，张已经成了中国第三大姓，有将近一亿人口。历史上张姓名人有军事家张良、外交家张骞（qiān）、三国名将张飞、书法家张旭、医学家张仲景等。

车

古人一般喜欢以封地、居住地、国号、官名、职业为氏，但也有特殊情况。比如汉昭帝时期，丞相田千秋年事已高，每天步行朝见很不方便，所以皇帝特别批准田千秋坐车出入朝堂。这在当时可是个了不起的荣誉，田千秋从此赢得了"车丞相"这一雅号，他的子孙后人也以车为氏，从此改姓"车"。

赐姓

在中国古代，皇帝会以各种赏赐来奖励立下大功的人，其中一种就是赐姓。赐姓也有等级之分，通常情况下，皇帝会选一个有代表意义的姓赐给这些人，而级别最高的赐姓就是皇帝将自己的姓赐给他们。明朝时收复台湾的郑成功，就是因为他功勋卓著，被皇帝赐以国姓——朱，从此有了"国姓爷"这个称呼。

乘车朝见

贬姓

贬姓又称赐恶姓，就是以寓意不好的字为姓，实际上是对被贬人的侮辱。

赐恶姓主要出现在唐朝武则天掌权时，她夺得皇后之位后，将原来王皇后的家族改为蟒（mǎng）姓，将萧淑妃的家族改为枭（xiāo）姓，蟒意为毒蛇，枭意为恶鸟。

后来李唐宗室的越王李贞等起兵反对武氏专权，被武则天镇压后，她又将这些李姓诸王及其子孙改姓虺（huǐ），虺意为毒蛇。

因事得姓

"羊舌"这个复姓在生活中并不常见，它的来源也很有趣，相传这个姓来自一件盗羊案。

当年有人偷了羊，还强迫一个叫季果的人收下羊头。后来，窃贼被官府抓到，牵连了季果，季果被带到官府问罪。季果说自己并没有参与盗羊，被迫收下的羊头他也没吃，而是埋起来了。官府里的人在季果说的地方找到了羊头，而且羊舌还在，就把季果放了。

从此，季果就把"羊舌"作为自己的姓，用来警示后人。

复姓的来源

复姓的来源较多,有从古官名来的,如太史、上官、司马、司空等;有以封邑命名的,如百里、段干等;有些是根据居住地命名的,如东郭、西门、南宫、闾丘等;有从先祖的名字来的,如公良、公羊、颛(zhuān)孙;有一些源自少数民族改姓,如拓跋、长孙等;还有以部落名为姓,如独孤等。

多字复姓

通常情况下,复姓是两个字,也有三个字和三个字以上的。

多字复姓通常是少数民族的姓氏,比如历史上清朝皇室的姓"爱新觉罗"。

🌀 第一大复姓"欧阳"

《二〇二一年全国姓名报告》中，姓"欧阳"的人数位列复姓第一，有一百多万人，主要集中在现在的湖南、广西和江西三个省份。

🌀 历史上的"复姓"名人

司马迁是西汉时期的史学家，编撰了我国第一部纪传体通史《史记》，记载了从黄帝到汉武帝太初四年，长达三千多年的历史，鲁迅赞誉该书为"史家之绝唱，无韵之离骚"。

欧阳询，唐代大书法家，楷书四大家之一，有"唐代楷书第一人"的美誉。唐代通行的钱币"开元通宝"上面的字就是欧阳询写的。

尉迟恭，唐朝开国名将，"凌烟阁二十四功臣"之一。《西游记》中讲述了尉迟恭与秦琼保护唐太宗李世民免受龙王鬼魂惊扰的故事。民间就把二位武将的画像贴在门上，作为门神守卫门户。

姓氏的改变

古人说"行不更名,坐不改姓",是因为很看重自己的姓氏,将姓氏作为一笔宝贵的财富代代相传。姓对中国人来讲代表宗族,如果自己随便改姓,就会被扣上背叛祖宗的帽子。

但古代历史中,改姓的却并不少见,追究其原因,好多都是迫不得已,在个人安危和荣辱间做的权衡罢了。

藕

安徽有个藕(ǒu)姓,他们的祖先曾经在朝廷当官,原本不姓藕,但因为皇帝降罪,不得已出逃。这个人为了躲避追兵,藏在荷塘中才活了下来。他从此隐姓埋名,放弃了原有的姓氏,以藕为姓。

勾

在《卧薪尝胆》这个故事中,越王勾践其实不姓勾,他的姓是姒,氏是越,勾践只是他的名字。

不过确实有勾这个姓。上古时期有个官职叫作句芒,句芒在神话传说中是春天的神,这个官职应该是掌管农耕春播、植树造林工作的。他的子孙将官名作为姓,将"句"改为"勾"。到了南宋,为了避宋高宗赵构的名讳,不能再姓勾了,有改为句氏的(发音不变),有改为苟氏的,还有改为钩氏的。

鲁

被木匠奉为始祖的鲁班,其实也不姓鲁,他是姬姓,公输氏,名班,因为是鲁国(今山东曲阜)人,就称为鲁班。

在古代,鲁国是全中国最富饶的地方,很多国家都虎视眈眈,后来鲁国被楚国所灭,鲁国的子孙后代以国为氏,改姓鲁。

司马

"司马"这个姓氏出了很多名人,司马相如、司马迁、司马光等都名留青史。"司马"是古代的官名,意思是"管马的人"。后来,任职的人以官为姓,"司马"就成为姓氏之一。

悟空养马,可更孙姓为司马乎?

"司马"在古代本来是一个大姓,魏晋时期更是成为九五至尊的国姓。晋朝灭亡后,皇族中的很多人为了避祸,改姓司姓、马姓,从此"司马"这个大姓就衰落了。

生死不同姓

人有活着改姓的,也有活着和死后不同姓的。

浙江有一个小村子,名叫岙(ào)潘村,到现在已经有上千年的历史。他们的祖先原本姓郭,后来郭家的这个儿子娶了潘家的女儿,并且住在潘家。但潘家本身没有儿子,这位姓郭的女婿"不忍没岳翁之祀",意思就是他不忍心让岳父家没有后祀,就称岳父为父亲,改姓潘。但他同时也不愿忘本,叫"不敢忘己身所出",所以死后仍然改回原姓。此后他的子孙世世代代,全都生前姓潘,死后姓郭。

🌀 罕见的姓

屈

每年端午节，我们纪念的楚国大夫屈原也不姓屈，屈原本来姓芈，是一个非常古老的姓。春秋时期，楚国国君楚武王封儿子瑕到屈邑做首领，人们称他为屈瑕。屈瑕的子孙也就以封地为姓，世代姓屈，屈原就是屈瑕的后代。

是

《三国志·吴书·是仪传》中说："是仪，字子羽。"其实是仪最开始姓"氏"，在县里是一个小吏，后来到郡中做官。当时孔融正好在这个郡做郡相，看到他这个姓之后说："你这个'氏'字像'民'字而无上，可以改姓'是'。"于是氏仪改姓为"是"。

屈原

神

虽然神姓听起来是一个很大很强的姓,但事实上,神姓是一个很罕见的姓氏。神姓源自于姜姓,据说是神农氏最后一任君王榆罔被黄帝打败之后,他的子孙便以"神"为自己的姓氏。

🌀 容易引起误会的姓

仇

有很多单字在作为姓时,读音会发生变化:仇读音为 qiú,春秋时期宋国大夫叫仇牧,他听闻自己的君主被杀,便前来报仇,以死相拼,后来人们称赞仇牧是忠良之人。

朴

中国朴姓起源于东汉时期的益州(今大致为四川)巴郡。这个字很有意思,根据地区以及民族的不同,发音也不一样,可以读 piáo,也可以读 pǔ。目前,朝鲜族姓朴的居多。

单和查

单作为姓,读音为 shàn,源出于姬姓,周成王给小儿子姬臻的封地叫单,属于以封地名为姓。

查读音为 zhā,源出于姬姓、芈姓,也是一个以封地名为姓的姓氏。

宰父

宰父读音为 zǎifǔ,也是一个姓。周朝有一个官职为宰父,主要负责王朝法令以及官吏的升降。春秋时期孔子的一个弟子名为宰父黑。

名字的名

名的起源

尽管现代人在询问别人姓名时都爱问一句:"你叫什么名字?"但在民国之前,"名"和"字"其实是两回事。

《仪礼》上说:"故子生三月,则父名之。"也就是说,婴儿出生三个月后由父亲取名,这个名主要是供长辈使用。

向天取名

🌀 取名的规律

夏代是我国人名最早有规律可循的时期。当时的人崇拜太阳,通行的历法是干支纪年,因此,夏代的君主和贵族都喜欢用天干起名。据《史记》记载,夏代的君主名字有太康、仲康、少康等。据考证,这些名字中的"康"字就是"庚"字,是传说中的十个太阳之一。

到了春秋战国时期,古人起名的讲究开始多了起来,还诞生了最早的取名选字"五原则",即"有信,有义,有象,有假,有类"。"信"指孩子身体上的某些特征,如宽额头、高鼻梁等,古人就是根据这些特征起名的;"义"是指用祥瑞之字命名,比如周文王名昌,周武王名发;"象"是指以相似之物命名,比如孔子头顶比较高,像一座小山丘,就命名为丘;"假"是假借,可以假借其他事物起名,比如公孙杵臼,就是希望他像杵臼一样结实;"类"是相似,是说可以用与孩子父亲名字相似的原则起名。

取名的习惯

两汉之前,通常取单名,双名的较少。

到了汉朝,取名用字更为讲究,人们选取名字会考虑以下几方面。一是尚武,用字多选胜、武、勇、超、固等字;二是见贤思齐,会选禹、昌、汤、舜等字;三是求长寿健康,会选万年、延寿、去病、千秋等字。东汉以后,尤其是魏晋南北朝时期,佛教盛行,名字中就出现了金刚、力士、三宝等佛教用语。到了唐宋以后,因为需要避讳的字越来越多,单名不好避,取双名的变多了。唐代人追求高雅,流行以文、德、儒、雅、士等字命名。

🌀 自谦的名

古代特别重视礼仪，所以，人们在名字的称呼上也是十分讲究的。

在人际交往中，名一般用作谦称、卑称，或上对下、长对少的称呼。平辈之间，提到对方时直呼其名，被认为是一种不礼貌的行为。如果是下对上、卑对尊，更是不能称呼对方的名，否则就是"大不敬"。

举个例子，曹操和刘备"煮酒论英雄"的时候，曹操说："今天下英雄，惟使君与操耳！"这里的"操"就是一种自谦的称呼，而称呼刘备为刘使君，也是尊重对方的意思。

煮酒论英雄

女子有姓无名

由于文献的缺乏，很多古人都认为古代妇女是没有名字的。叶梦得在《石林燕语》中说："古者妇人无名，以姓为名，或系之字，则如仲子、季姜之类；或系之谥，则如戴妫、成风之类，各不同。周人称王姬、伯姬，盖周姬姓，故云。而后世相承，遂以'姬'为妇人通称。以戚夫人为戚姬，虞美人为虞姬。"这种说法其实并不正确。古代妇女其实是有名字的，只是妇女一般只

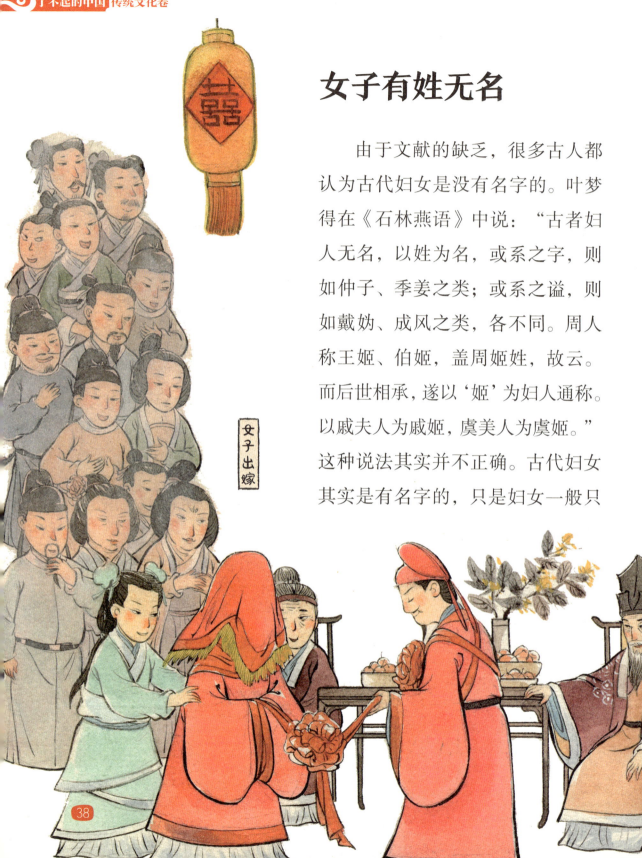

女子出嫁

有小名而无大名，或者只有大名，但女性名字习惯上是秘不示众的。古代的女子有姓无名，在家只有小名、乳名，出嫁后则成为某门某氏。历史上记载商王武丁的妻子是妇好，"妇"是代表性别和亲属关系的称谓，"好"是姓，所以"妇好"一名的实际意思只是"姓好的女子"或者"我老婆，姓好"而已。妇好很有才干，还能领兵打仗，可惜在历史上并没有留下名字。

具体说来，未婚配时，称呼女子是用氏加上姓，还有字或名加上姓，比如孟姜、伯姬等，在这些称呼里，姓是放在后面的。

结了婚以后，会在姓后加个氏字，这个氏字不是前面讲的氏，而是单纯的"氏"这个字，比如张氏、李氏、王氏等。这样的称呼通常是在女子出嫁后，这个姓不是娘家的姓，而是夫家的姓。有的也会以夫姓加父姓合称"某某氏"，比如刘家的姑娘嫁给了赵家的小伙儿，就会被称为"赵刘氏"。

🌀 没有名的著名女性

太姒是周文王的正妃,周武王的生母,出身高贵,而且非常有德行。姒是她的姓,历史上都管她叫太姒,可没有人知道她叫什么名字。

秦国的宣太后是一位很有谋略的女子,但史书中都管她叫芈八子。芈是她的姓,这是来自楚国的古老姓氏,与屈原同祖。八子不是她的名字,而是她作为秦王妾室的封号,地位并不是很高。

🌀 有名字的女性

和无名无姓的女性相比,在历史上留下名字的女性是极少的,比如蔡琰、王昭君、李清照、陈圆圆等,只有在当时拥有地位、权力和名誉的上流社会的女人,才有可能拥有自己的名字。其中最有名的是武则天,她当上女皇之后,用日、月、空三个象征世间无比高大的事物给自己取了个名字,叫武曌(zhào)。

待字闺中

古代的女孩子到了十五岁,要把头发束起来,用笄(jī)插住,称"笄礼",从此即视为她已成年,可以婚嫁了。《仪礼·士昏礼》记载:"女子许嫁,笄而醴(lǐ)之,称字。"意思是说可以嫁的女子,举行"笄礼",名字中也正式有了字。成语"待字闺中"就是形容那些到了年纪还未婚配的女子。

尊敬的字

字的起源

说完了名,再来说说字。《礼记》上说"幼名,冠字",意思就是,名是小时候取的,供长辈用;成年时,就要束起头发戴起帽子,举行"冠礼",表示长大成人;进入社会,要另外取一个"字",相当于有了新的身份。

按照古代礼仪,平辈之间,自称时称"名",称别人时称"字",这是最基本的礼貌。而长辈对晚辈、老师对学生、上级对下级,一般唤名而不唤字,这样显得更亲切。如果说起名是为了分彼此,那么取字就是为了明尊卑。

什么人能有字

并不是所有人都有"字",冠礼是士人的礼节,普通人(即庶人)一般没有,即所谓"礼不下庶人",所以,贵族有名有字,普通人只有名而无字。

举个例子,项羽和刘邦争夺天下,项羽名籍,字羽,是楚国贵族项燕的儿子,是当之无愧的贵族,当时的人们尊称他为项羽;而刘邦出身平民,本名刘季,没有字,刘季排行老三,所以这个名字表示他的排行。同理的还有朱元璋,本名朱重八,"重八"就是"八八",

因为他出生的时候爷爷正好六十四岁,八个八加起来就是六十四。两位平民皇帝在有了一定地位之后,第一要务就是给自己取一个高大上的名字,刘季改叫刘邦,朱重八改叫朱元璋。

近代的字

一说到字,人们可能会觉得只有古代人才有字,其实,我们现代人也有字。

鲁迅,字豫山,后改字豫才。豫山这个字是他的祖父当鲁迅还在三味书屋读书时给他起的,但是因为豫山在绍兴方言里读起来很像雨伞,鲁迅因此受到同学们的嘲笑,所以改字为豫才。

胡适,字适之。"五四"新思想像一团火,燃烧着许多年轻人的血和心,许多人开始用"竞存""天择"给自己取名、取字。胡适的二哥字绍之,三哥字振之,等到胡适取表字的时候,二哥建议他用"物竞天择,适者生存"中的"适"字,所以胡适就叫适之了。

🌀 取字的规律

古人取字十分讲究，通常和名的含义相近，互相呼应。比如三国时期的诸葛亮，字孔明，"亮"与"明"的字义十分相近；唐代大诗人杜甫，字子美，"甫"即"男子之美称也"，看来杜甫的父母很希望儿子长得帅气。

还有的名和字之间含义恰好相反，很矛盾，比如"唐宋八大家"之一的韩愈，字退之，"愈"是胜过的意思，"退之"是"不要

胜过"的意思，又要胜过，又不要胜过，这就是平衡，是中庸之道。南宋理学家朱熹（xī），字元晦（huì），"熹"是明亮的意思，"晦"是昏暗的意思，名和字的含义完全相反。

取字规律还有很多，有的按照排行取字，有的是名字意义的延伸；有的是名的补充解释或修饰；等等。

臣亮言先帝创业未半而中道崩殂今天下三分益州疲弊此诚危急存亡之秋也然侍卫之臣不懈于内忠志之士忘身于外者盖追先帝之殊遇欲报之于陛下也诚宜开张圣听以光先帝遗德恢弘志士之气不宜妄自菲薄引喻失义以塞忠谏之路也宫中府中俱为一体陟罚臧否不宜异同若有作奸犯科及为忠善者宜付有司论其刑赏以昭陛下平明之理不宜偏私使内外异法也侍中侍郎郭攸之费祎董允等此

别号的雅趣

别号的由来

古人的名、字由父亲或师长代取，而别号则不同，别号是古人自己取的一种称号，就像现在的网名一样。

别号起初是隐士们用来自称的，比如"鬼谷子"，至今没有人知道他的真名。到了唐代，文人有号的逐渐多起来；宋代，文人起号蔚然成风；到了明代，取号的人多，一个人取的号也多，比如光傅（fù）山一个人就有五十多个号！

号能表现自己的志趣、意愿，想怎么起就怎么起，就连大观园里的兄弟姐妹一起作诗，都要各自取个号才雅。贾宝玉住在怡红院，号怡红公子；林黛玉住在潇湘馆，号潇湘妃子；薛宝钗住在蘅芜苑，号蘅芜君；李纨住在稻香村，号稻香老农；湘云号枕霞旧友，探春号蕉下客，迎春号菱春。

以居住地为号

宋代大词人苏轼的号是从地名来的。苏轼被贬黄州时，住在城东一个破旧的驿站里，旁边有一块废弃的坡地，他开荒、种地，靠这块地养活了一家老小。他把这块不起眼的坡地命名为"东坡"，自号"东坡居士"。

除此之外，还有很多古人喜欢以曾经居住过的地名为号，杜甫曾居住在少陵附近，所以自号"少陵野老"；白居易曾在香山寺居住过，于是自称"香山居士"。

白居易

以官职为号

除了自号外，古人也常常用一个人的官职来尊称对方，放到现在，差不多就是王经理、李厂长、陈主任的意思。

比如诗人杜甫做过工部员外郎，人们尊称他为杜工部；词人柳永曾任屯田员外郎，人们尊称他为柳屯田；大书法家王羲之当过右军将军，至今人们还称其王右军。

以逸事得号

不少文人还因传闻轶事或佳句而得号,如晚唐诗人温庭筠(yún)年轻时参加科举考试,考律则的时候,"押官韵作赋,凡八叉手而八韵成",叉一次手就能和成一韵,叉八次手就能作完一首赋,时号"温八叉""温八吟",这基本上可以算是绰号了。

宋代词人张先因有三句写"影"的佳句,被誉称为"张三影"。

元末明初诗人袁凯因咏白燕诗出名,人称"袁白燕"。

清初王士祯的《蝶恋花》有"郎似桐花,妾似桐花凤"之句,大家看了纷纷赞好,遂号为"王桐花"。

以号明志

南宋爱国诗人陆游对朝廷失望至极,他便以"放翁"为号,表示不与权贵们同流合污。

南宋大词人辛弃疾认为人的一生应该勤奋,像种地一样。因此他将自己的书斋称为"稼轩",稼就是种地的意思,并以此为号勉励自己。

不可冒犯的尊号

尊号的由来

古时候,皇帝为了炫耀自己政绩卓著,往往要暗示臣子给自己加上好听的名号,这就叫作"尊号"。

尊号在秦末汉初时期就已经出现。尊号一般在外交、礼仪、祭祀等活动中使用,不需要避讳,上至王公贵族,下至

奏请上尊号

平民百姓都可以叫。唐朝以前，天子尊称皇帝，天子的爸叫"太上皇"，天子的妈叫"太后"，奶奶叫"太皇太后"，没有其他称号。

唐朝以后，皇帝又发明了更漂亮的称号，比如武则天的尊号之一为"慈氏越古金轮圣神皇帝"，意思是像弥勒佛一样的超越前人的皇帝。

再比如唐玄宗的尊号是"开元天地天宝圣文神武孝德应道皇帝"，宋太祖为"启运立极英武睿文神德圣功至明大孝皇帝"。由于尊号太长，所以平民百姓很少称呼皇帝的尊号。

尊号的演变

到了宋朝，尊号已经成为一种惯例，每逢打了胜仗或者国家庆典，懂事的臣子就奏请皇帝上尊号，久而久之，尊号就变得越来越长。

清朝时的慈禧太后刚开始垂帘听政时，她的尊号只有两个字"慈禧"。后来加呀加呀，到慈禧去世时，她的全称变为"孝钦慈禧端佑康颐昭豫庄诚寿恭钦献崇熙配天兴圣显皇后"，一共二十五个字。她大概以为驾鹤西去之后，兴许还能跟天上的神仙好好介绍一下自己。

🌀 千秋功过任人评说

对于那些顶着长长一串尊号的皇帝来说,他们大概不只希望对天下臣民显摆自己的功德,更希望让史学家记载下来,让后人看看,当年有那么一位皇帝,有多了不起。

可是,这些尊号太长了,又和皇帝本人没多大关系,结果后人几乎没谁记得这些尊号。

我是开元天地天宝圣文神武孝德应道皇帝。

"祖""宗"庙号

庙号的起源

庙号是君主死后在庙中被供奉时所称呼的名号,起源于重视祭祀与敬拜的商朝。但不是每个君主都有庙号,只有那些对国家有贡献的先王,才会追加庙号,用来表示立庙祭祀之意。商朝一共有三十一位君主,只有四位得到了庙号,按照"祖有功而宗有德"的标准,给予祖或宗的称号,商汤称"高祖",太甲称"太宗",武丁称"高宗",太戊称"中宗",这些都是最早出现的庙号。宋代的皇帝也是按照这个标准取号的。

废除谥号

废止又恢复

商朝灭亡后,周朝没有延用商朝的庙号制度,所以周王有谥号而无庙号。到了秦朝,秦始皇认为后人评议先人不合适,将会形成"子议父,臣议君"的局面,就把谥号废除了。

汉朝建立后,庙号和谥号被重新启用,从此,庙号一直延用了两千多年。

庙号的选字

庙号的选字会参考帝王一生的功业，比如太祖、高祖，一般都是开国帝王；太宗是紧接太祖之后的杰出皇帝，比如开创"贞观之治"的唐太宗李世民；世祖一般作为分成两段的王朝中后半段的开创者或者王朝承上启下的人物特定的庙号，如东汉的刘秀、元朝的忽必烈等。选字中用高、仁、宣、圣的，大多是贤明的君主，起码没有大错；哲、兴是有所作为的；神、英虽然是好字，但一般有所保留，指向性不强；德、宁则很委婉，表示皇帝比较懦弱；文、武看起来是褒义词，实际很可能暗含贬义，文很可能是说优柔寡断，武则很可能是治国残暴的意思；哀、思二字当作庙号则不大吉利，一般是指君主没有德行，王朝要完蛋了。

奇葩的庙号

汉景帝为中国历史上第一个盛世"文景之治"做出过卓越的贡献，但他却没有庙号。因为他在位期间曾经误杀晁错、激杀周亚夫、废杀刘荣，险些断送了汉家江山。

最为奇葩的是三国时期，魏国的官员居然在曹睿活着的时候就给他上了庙号，而曹睿居然同意了。他也就成了有史以来唯一一位本人健在的情况下就有了庙号的君主。

谥号——祖宗的称谓

谥号的由来

有一个大家耳熟能详的成语，叫"盖棺定论"，意思是一个人活着的时候好不好，只有在他死后才能得出结论，而谥号正是后人根据死者生前做的事进行评定的一种称号。

天子出殡

谥号的历史源远流长，大概在周朝时就有了谥号这一说法，皇帝、大臣做事时，就得为了"身后名"多考虑考虑，他们也怕背上千古骂名。为此，秦始皇就不爽了，天下唯我独尊，凭什么让别人说三道四？所以下诏书坚决废除谥号。没想到秦传了两代就亡了，他没有谥号，但骂也没少挨。到了汉朝，谥号又被恢复，而且以后的皇帝再也没有敢废除的。

谥号并不是人人都有，普通老百姓更不可能有谥号。

谥号的字数

先秦时期，谥号通常是一个字，也有用两三个字的；到了唐宋时期，字数逐渐增多，成了褒义词的堆砌。唐代武则天开创了皇帝生前叠加谀词给自己定谥的先例；宋代皇帝谥号比唐代更加溢美，给大臣定谥也是从宋代开始的；到了明清，皇帝谥号的字数就更多了，明成祖朱棣的谥号有19个字，清光绪帝的谥号有23个字。

君主的谥号

君主的谥号有褒有贬，有好有坏。善于治理天下的谥为"文"，比如汉文帝刘恒、隋文帝杨坚、唐文帝李世民；声威强盛的谥为"武"，比如周武王姬发、汉武帝刘彻、魏武帝曹操；英明果断的谥为"明"，如汉明帝刘秀；胡作非为的谥为"灵"，如楚灵王芈熊、汉灵帝刘宏，都是些不着调的皇帝；能力平庸、软弱可欺的谥为"惠"，如汉惠帝刘盈、晋惠帝司马衷，都是没什么本事的；帝王当得很不如意的谥为"哀"，如汉哀帝刘欣；还有质帝、冲帝、少帝，这些基本都是幼年即位而且早亡的君主。

臣子的谥号

古时候,谥号是对文官最高的赞扬。宋代以后,"文正"便是文官的最高谥号,比较有名的如司马光、范仲淹等死后都谥"文正"。到了明清时期,"生晋太傅,死谥文正"简直成了文臣的终极追求。

武将的谥号一般以"武"字打头,"武忠"则是武官的最高谥号。

私谥

除此之外,古人还有起"私谥"的。比如那个坐怀不乱的柳下惠,"柳下"是他的氏,而"惠"就是他死后妻子和弟子给他定的私谥,今天我们把一本正经的人称为"柳下惠",这实际上是个谥号。

皇帝的称谓

你如果是一个大臣，面见皇帝，总不能一见面就说"小李啊，今天找我啥事儿呀？"或者"世民啊，今天西域来了新鲜贡品了。"皇帝掌握生杀大权，一言不合就杀人，你跟他没大没小，他不宰了你才怪。所以，古人才不傻傻地称呼皇帝的名字，而是给自己找了很多个安全地称呼皇帝的称谓。

"陛下"之谓

🌀 陛下

最直接的,当然是称皇上,我们在很多电视剧里都看到过,我们熟悉的"陛下"一称,就很有意思。"陛"是台阶的意思,这个台阶不是一般的台阶,而是高阶,因为帝王要站在最高的台阶上,所以"陛"专指帝王宫殿的台阶,"陛下"指的是站在台阶下的侍者。宫廷中等级森严,当大臣的不能直接跟天子说话,得先跟站在台阶下的侍者说。

🌀 天子

古代的皇帝为了让老百姓好好地听他的话,就跟大家说,皇帝的权力是上天给予的,叫"君权神授",皇帝是代表天神来行使权力的。古代的老百姓很畏惧天地和神明的力量,所以就乖乖地听皇帝的话,把皇帝尊为"天子",也就是上天的儿子。

皇帝的自称

春秋战国时期,各诸侯国君主一般自称"寡人""孤"。"朕"是秦始皇统一六国后给自己定下的专用自称,从此,"朕"就成了封建君主的专属称谓,一直沿用到两千多年的封建帝制被终结。

不过,还有两个特殊的皇帝,他们的自称和现在北方人的自称一样,用"咱"和"俺",那就是朱元璋和朱棣。在中国历史中的封建帝王里,朱元璋的出身可以说是最穷苦的,从小就没有学习的机会和条件,他当上皇帝之后也还是和原来一样朴实,写的奏章也十分随意。曾有大臣向朱元璋进言,想让他自称"朕",但他根本不在意,在他批复的一些奏折里,经常出现"我"和"咱"。

明成祖朱棣,从小就跟着他爹朱元璋打仗,后来镇守北方,也是粗犷豪放,在他批复的奏折里面,"俺"字随处可见。

称呼年号的

年号是封建皇帝纪年的名号,就是皇帝给自己当政的年份取的吉利名字,比如"顺治",意思是天下归顺,长治久安。明清两代的皇帝不太喜欢更换年号,一个年号从登基时开始用,一直用到他们驾崩,所以后世的人们习惯用年号来称呼他们。

顺治帝的名字叫爱新觉罗·福临,庙号是世祖,谥号是体天隆运定统建极英睿钦文显武大德弘功至仁纯孝章皇帝。

除明清两代,其他朝代的皇帝在位的时候则会更换年号。比如汉武帝就是不太安生的皇帝,他一生中改过很多次年号,有过元光、元朔、元狩、元鼎、元封等很多个年号。

年号制度源于中国,后来,朝鲜、日本等地都受到中国的影响,也开始使用年号。

避讳和缺笔

🌀 避讳的由来

避讳是中国古代历史上一种特殊的习俗，古时候人们对皇帝和长辈的名字，不能直接说出来或者写出来，而是要用别的字代替，以示尊敬。回避皇帝的名字，叫避公讳或国讳；避讳自己家族长辈的名字，叫避家讳。

杜甫不闲　杜甫很忙

但当时是"生时不讳，死然后讳之"，也就是说，当时活着的君王所用的字是可以用的，如果君王死了，进了庙宇被供起来，那么他就从"人"变成了"神"，所以需要避讳。

避讳的习俗从周朝开始，到唐朝时已经发展得非常严格，唐代大诗人杜甫，父亲的名字叫"杜闲"，为了避"闲"的讳，杜甫写了一辈子的诗，从没在诗中用过"闲"字。

六不取原则

因为避讳习俗的存在,所以古人取名时通常会先搞好回避措施,古代命名有个"六不取"原则。

不以国,以国则废名。用国号给孩子起名的话,就会废除孩子的名字。这也可以理解,毕竟君王在世还好说,如果去世,会给后人带来很大麻烦。名和国号是同一个字,既要避先王的讳,又不能改国号,那能不能改先王的字从而避讳呢?试想一下,儿子改动父亲甚至是爷爷的名字,这可是以

下犯上的大不敬行为。所以，第一条原则就是不以国。

不以官，以官则废职。废职可不是直接取消这个官职的意思，而是把这个官职改成一个新的名字，比如唐朝六部中的"户部"，一开始被称为"民部"，唐高宗为了避他父亲李世民的讳，将"民部"改名为"户部"。

不以山川，以山川则废主。最著名的应该就是汉文帝刘恒了，他在成为皇帝之后，为了避自己名字的讳，愣是把北岳恒山的名字改成了常山。

不以畜牲，以畜牲则废祀。这古代的祭祀啊，是要用猪、牛、羊等牲畜来当作贡品祭天的，如果一国之君的名字中带了这些牲畜，那是不是就会被引申为用君王的头祭天了？这直接没法举行祭祀了！那明代呢，猪岂不是不能用了？其实不然，祭祀的最高规格被称为"太牢"，就是要用猪、牛、羊这三种牲畜来祭祀。怎么可以因为同名避讳而放弃祭祀天地、神仙和列祖列宗呢？当然，也不是说猪在明代就一直是一帆风顺的。明武帝朱厚照就曾因为自己的姓名和属相是猪，从而下令全国禁止吃猪肉，但自己仍然偷偷在宫里吃。可能是因为这个条例太荒诞，后来被废除了。

不以礼器和不以牲畜的原因相似，都是为了保证祭祀；不以疾病，有祈愿身体健康的意思。

🌀 空字避讳

空字避讳相对容易，就是在遇到需要避讳的字时，会空出这个字不写，或者用"某""讳"等代替。在《说文解字》中，为了避光武帝刘秀、明帝刘庄、章帝刘炟(dá)这三位皇帝的名讳，在遇到秀、庄、炟这三个字的时候，不做解释，只写"上讳"二字，如"庄，上讳"。唐朝时，"观世音"被称为"观音"，就是为了避唐太宗李世民的讳。

菩萨也避讳

🌀 缺笔避讳

顾名思义，就是在书写要避讳的字时，省略笔画。这种形式最早可追溯到唐朝，在一些传世的唐代碑帖中我们可以看到，如颜真卿的《东方画赞碑》，为了避唐太宗李世民的讳，碑帖中的"民"字，少了最后一笔斜钩；还有欧阳询的行书《千字文》中，为了避唐高祖李渊的讳，省略了"渊"字里面的"米"。

🌀 改字避讳

书写遇到需要避讳的字时，就改为其他的字代替。改字避讳比较麻烦，需要避讳的字不是随便改的，得找到意义相似或相近的词替代，而且中国汉字博大精深，大部分字都是一字多义，所以选字时还要考虑到是否有歧义。

那个出让燕云十六州的"儿皇帝"石敬瑭名字里有敬字，姓敬的人家只好把姓都改了。将"敬"一分为二，一支姓"苟"，一支姓"文"。

避讳改姓

殿试

严苛的避讳

历朝历代对避讳的要求不尽相同,有的宽松,有的严格。宋朝对避讳的要求就比较严格,所有先祖的名字都要避讳,而且与名字同音或音近的字都不能使用,像赵匡胤的祖父名敬,所以在宋代镜子不叫镜子,而叫鉴子。

避讳带来的麻烦

古代因避讳更改名称的事涉及了方方面面,也就因此产生了不少的麻烦,最严重的会招来杀身之祸。在一个朝代中,随着时间的推移,需要避讳的字数量不断增加,这对当朝的人,特别是准备参加科举考试的人来说是非常不方便的,写文章时一旦不小心触及讳字,就会获罪,甚至杀头,更严重的还会株连族人。